W9-CJE-869

Traducción: Leopoldo Iribarren

Primera edición tapa dura, 2013

© 1994 Éditions du Seuil
© 1998 Ediciones Ekaré

Todos los derechos reservados

Av. Luis Roche, Edif. Banco del Libro, Altamira Sur. Caracas 1060, Venezuela
C/ Sant Agustí 6, bajos. 08012 Barcelona, España

www.ekare.com

Publicado originalmente por Seuil Jeunesse, Francia
Título original: *Les vacances de Roberta*

ISBN 978-84-941247-1-6 · Depósito Legal B.14214.2013

Impreso en China por South China Printing Co. Ltd.

Silvia Francia

Las vacaciones de Roberta

ediciones ekaré

Roberta está de vacaciones en casa del abuelo Alfredo
y la abuela Mafalda.

Roberta se aburre. Hace demasiado calor para jugar
y no conoce a nadie.

Desde la ventana mira el mar. ¡Cómo le gustaría ir!
Pero los abuelos duermen la siesta y le han prohibido
salir sola.

—Qué importa, de todas maneras voy a salir —piensa—.
Estoy muy aburrida.

Toma una botella de agüita mineral para la sed.

Hace mucho calor y hay que cuidarse del sol
que quema afuera.

La gran aventura comienza.

Roberta camina, camina y camina...
Está cansada y ya no puede más.

—Vamos, Roberta —se dice—. Una calle más,
y el mar. Pero, de golpe...

¡Aaaah, un monstruo horrible!

¡Es Grorex!

Roberta huye a toda velocidad.

—¡Uf, qué alivio! ¡Grorex desapareció!

Roberta bebe un poco de su agüita
para reponerse del susto.

Y, ¡upa!, una zambullida.
—¡Qué sabroso! ¡Qué fresco!

Luego, se recuesta en la sombra
para dormir su siesta.

—¡Uyuyuy! Ahí viene Grorex. Mejor será que no me vea. Y, ¡zaz!, Roberta se acurruca en el fondo de la tubería.

Grorex, mientras tanto, se instala con toda tranquilidad.

Devora su merienda: croquetas al ajo y una gran
salchicha con mucha mostaza. ¡Se lo traga todo!

Y antes de haberlas digerido, ¡plum!, se lanza al agua.

Roberta, escondida en su tubería, lo mira nadar.
Cuando, de repente...

... Grorex desaparece.

Sin pensarlo, Roberta se lanza valientemente
al auxilio de Grorex.

—¡Pesa más que un saco de cemento! —piensa Roberta—.
Y todavía falta para llegar arriba.

—Me salvaste la vida —dice Grorex casi sin aliento—.
¿Quieres ser mi amiga?

Y así comenzó una gran amistad.

J S PICTURE FRANCIA
Francia, Silvia.
Las vacaciones de Roberta /
R2002653638 MILTON

ODC

Atlanta-Fulton Public Library